Danke,
dass du
Teil meines
Lebens warst!